east Osten • **Easter** Ostern • **easy** einfach • **eating** essen • **eggs** Eier • **egg-whisk** Schnee~~~ ~~~ght

acht • **elbow** Ellenbogen • **electric mixer** Rührgerät • **electric shaver** Rasiererappar~~~ ~~~oy

your meal. Guten Appetit. • **escape plan** Fluchtplan • **Europe** Europa • **evening** ~~~ ~~~er

excellent hervorragend • **except** außer • **exhaust fumes** Abgase • **extractor ho**~~~ ~~~

Auge • **eyebrow** Augenbraue • **face** Gesicht • **facecloth** Waschlappen • **fake** ~~~ ~~~amilie

farm machine Landmaschine • **fascinating** faszinierend • **father** Vater • **favourite** ~~~ ~~~ • **February** Februar

feeding bowl Fressnapf • **feeling** (sich) fühlen • **fence** Zaun • **fever** Fieber • **field** Feld • **financial world**

news Weltwirtschaftsnachrichten • **fire extinguisher** Feuerlöscher • **fish** Fisch • **fish food** Fischfutter • **fish slice**

Pfannenwender • **fish tank** Zimmeraquarium • **fishing rod** Angelrute • **five** fünf • **flag** Fahne • **flamingo** Flamingo

flies Fliegen • **floor mop** Wischmopp • **floor tiles** Bodenfliesen • **flowers** Blumen • **food** Essen • **food pyramid**

Ernährungspyramide • **foot** Fuß • **football** Fußball • **footprint** Fußabdruck • **footstool** Fußbank • **foreigner**

Fremder • **forest** Wald • **fork** Gabel • **form** Formular • **forwards** vorwärts • **fountain** Brunnen • **four** vier

fox Fuchs • **fresh** frisch • **Friday** Freitag • **frog** Frosch • **front door** Haustür • **fruits** Obst • **frying pan**

Bratpfanne • **funnel** Trichter • **funny** lustig • **garden** Garten • **gas tank** Gasbehälter • **Get well soon!** Gute

Besserung! • **getting dressed** sich anziehen • **girl** Mädchen • **girlfriend** Freundin • **girls' bedroom** Mädchen-

zimmer • **glass of water** Glas Wasser • **glasses** Brille / Trinkgläser • **glazed** glasiert • **glue** Kleber • **goal** Tor

goalie Torwart • **goat** Ziege • **goatee beard** Ziegenbart • **goggles** Taucherbrille • **going** gehen • **gone** weg

Good morning everyone! Guten Morgen allerseits! • **grain** Getreide • **grandchild** Enkel • **grandmother** Großmutter

grapes Weintrauben • **grater** Reibeisen • **great** groß / toll • **Great job!** Gut gemacht! • **great-grandmother**

Urgroßmutter • **green** grün • **grey** grau • **groceries** Lebensmittel • **gum wrapper** Kaugummipapier • **gust of**

wind Windstoß • **gutter** Regenrinne • **hair** Haare • **hairbrush** Haarbürste • **hairdryer** Föhn • **half past twelve**

halb eins • **half-sister** Halbschwester • **hall** Flur • **hamster** Hamster • **handbags** Handtaschen • **handkerchief**

Taschentuch • **Hands off!** Hände weg! • **hat** Hut • **having a bath** ein Bad nehmen • **hawk** Falke • **he** er • **head**

Kopf • **headmaster** Schulleiter • **headphones** Kopfhörer • **healthy** gesund • **heat up** aufheizen • **helicopter**

Hubschrauber • **Hello!** Hallo! • **helmet** Helm • **Help!** Hilfe! • **high chair** Hochstuhl • **high heels** Stöckelschuhe

hill Hügel • **hippo** Nilpferd • **history** Geschichte • **hockey stick** Hockeyschläger • **holding hands** an der Hand

halten • **hole** Loch • **home** Zuhause • **home office** Arbeitszimmer • **homework** Hausaufgaben • **honey** Honig

hopping hopsen • **horse** Pferd • **hose** Schlauch • **hospital** Krankenhaus • **hot** heiß / scharf • **hot sauce** scharfe

Soße • **hot-air balloon** Heißluftballon • **hotchpotch** Durcheinander • **house** Haus • **how** wie • **How are you?**

Wie geht es dir? • **hungry** hungrig • **husband** Ehemann • **I** ich • **I am / I'm** ich bin • **I feel sick.** Mir ist schlecht.

I just want to talk! Ich will nur reden! • **I love** Ich liebe • **I will have** ich nehme • **I'm going to be on time.** Ich

werde pünktlich sein. • **ice cream** Speiseeis • **iguana** Leguan • **I will / I'll** ich werde • **infant** Baby • **inside** innen

is ist • **it** es • **jam** Marmelade • **January** Januar • **jar of honey** Honigglas • **jellyfish** Qualle • **jewellery**

Schmuck • **juggler** Jongleur • **juice** Saft • **July** Juli • **June** Juni • **jungle** Dschungel • **junk** Ramsch • **just**

nur • **Just keep talking.** Rede einfach weiter. • **keys** Schlüssel • **king** König • **kitchen** Küche • **kite** Drachen

knife Messer • **knight** Ritter • **knowing** wissen • **lake** See • **lamp** Lampe • **language** Sprache • **lawnmower**

Rasenmäher • **leaf** Blatt (Baum) • **leap year** Schaltjahr • **learning** lernen • **leaves** Blätter (Baum) • **leg** Bein

lemon Zitrone • **lesson** Unterrichtsstunde • **letter** Brief / Buchstabe • **letter box** Briefkasten • **lettuce**

Kopfsalat • **life** Leben • **light** Licht • **light switch** Lichtschalter • **lightning** Blitz • **lime** Limette • **lion** Löwe

lip Lippe • **listening** zuhören • **litter bin** Abfallbehälter • **living room** Wohnzimmer • **loaf of bread** Brotlaib

loo brush Klobürste • **looking like** aussehen wie • **love letter** Liebesbrief • **loving** lieben • **lunch** Mittag-

essen • **lunch bag** Butterbrottüte • **lunch box** Butterbrotdose • **lunch lady** Schulköchin • **lunch lady's helper**

Küchenhilfe • **lunch tray** Essenstablett • **lying down** hinlegen • **made** gemacht • **magazines** Zeitschriften

JAMES TUREK

MAKE MY DAY!

MEIN WILDES ENGLISCH-WIMMELBUCH

1. AUFLAGE 2013
© 2013 KLETT KINDERBUCH, LEIPZIG
ALLE RECHTE VORBEHALTEN
UMSCHLAGGESTALTUNG: FLORIAN V. WISSEL, HOOP-DE-LA, KÖLN
UNTER VERWENDUNG EINER ILLUSTRATION VON JAMES TUREK
TEXT, ILLUSTRATIONEN, SATZ UND LAYOUT: JAMES TUREK
FACHLICHE BERATUNG UND KORREKTORAT: NADINE OTT
HERSTELLUNG: TROPEN STUDIOS, LEIPZIG
DRUCK UND BINDUNG: DRUKARNIA INTERAK, CZARNKÓW
PRINTED IN POLAND
ISBN 978-3-95470-077-6

WWW.KLETT-KINDERBUCH.DE

main entrance Haupteingang • **man** Mann • **March** März • **markers** Textmarker • **marks** Schulnoten • **maths** Mathematik • **May** Mai • **meat** Fleisch • **medical cart** medizinischer Gerätewagen • **medical waste container** medizinischer Abfallbehälter • **medicine** Medizin • **medicine cabinet** Medizinschrank • **microscope** Mikroskop • **midday** Mittag • **milk** Milch • **milk carton** Milchpackung • **mineral water** Mineralwasser • **miniature train** Modelleisenbahn • **mirror** Spiegel • **mitten** Fäustling • **Monday** Montag • **money** Geld • **monkey bars** Klettergerüst • **monkeys** Affen • **months** Monate • **moon** Mond • **more** mehr • **morning** Morgen, • **mother** Mutter • **motorcycle** Motorrad • **mountain** Berg • **mouth** Mund • **mouth wash** Mundwasser • **mum** Mama • **mustard** Senf • **mustard packs** Senftütchen • **my** mein /meine • **naked** nackt • **nailbrush** Nagelbürste • **nanny** Kindermädchen • **neck brace** Halskrause • **necklace** Halskette • **needing** brauchen • **neighbour** Nachbar • **nephew** Neffe • **never** nie • **new** neu • **New Year** Neujahr • **news** Nachrichten • **newspapers** Zeitungen • **Next one, please.** Der Nächste, bitte. • **next-door** nebenan • **nice** nett • **niece** Nichte • **night** Nacht • **nine** neun • **no** nein • **no one** keiner • **No thanks.** Nein danke. • **nobody** niemand • **Nobody gets my point.** Niemand versteht mich. • **north** Norden • **North America** Nordamerika • **nose** Nase • **nosebleed** Nasenbluten • **not** nicht • **Not again!** Nicht schon wieder! • **now** jetzt • **number** Zahl • **nurse** Krankenschwester • **nut** Nuss • **observation tower** Beobachtungsturm • **October** Oktober • **older brother** älterer Bruder • **olive oil** Olivenöl • **on time** pünktlich • **once** einmal • **one** eins • **onion** Zwiebel • **organs** Organe • **Ouch!!** Aua!! • **oven** Backofen • **oven cloth** Topflappen • **overhead projector** Tageslichtprojektor • **owl** Eule • **Pacific Ocean** Pazifik • **paintbrush** Pinsel • **painter** Maler • **palm tree** Palme • **paper** Papier • **paper aeroplane** Papierflieger • **parasol** Sonnenschirm • **parents** Eltern • **parents' bedroom** Elternschlafzimmer • **park bench** Parkbank • **parking ticket** Strafzettel • **passenger** Fahrgast • **pasta** Nudeln • **path** Pfad • **pavement** Gehweg • **peach** Pfirsich • **pear** Birne • **peas** Erbsen • **pen** Stift • **pencil** Bleistift • **pencil case** Federmäppchen • **pencil sharpener** Spitzer • **penknife** Taschenmesser • **pet** Haustier • **physical education** Sportunterricht • **pie** Kuchen • **piece** Stück • **pigeon** Taube • **pillows** Kissen • **pine tree** Kiefer (Baum) • **pineapple** Ananas • **pipe** Rohr • **plaster** Pflaster • **plastic** Plastik • **plastic container** Plastikbehälter • **play area** Spielecke • **players** Spieler • **playing field** Spielfeld • **please** bitte • **pliers** Zange • **plum** Pflaume • **plunger** Saugglocke • **pm** nachmittags • **pneumatic hammer** Presslufthammer • **police** Polizei • **policeman** Polizist • **poster** Poster • **postman** Briefträger • **pot** Topf • **potato** Kartoffel • **potato masher** Kartoffelstampfer • **potty** Töpfchen • **power lines** Stromleitungen • **princess** Prinzessin • **privacy** Privatsphäre • **private** privat • **protective glass** Schutzglas • **puddle** Pfütze • **puddle of muddy water** Matschwasserpfütze • **puke** Erbrochenes • **pumpkin** Kürbis • **pupil** Schüler / Schülerin • **purple** lila • **pyjamas** Schlafanzug • **quarter past twelve** Viertel nach zwölf • **quarter to one** Viertel vor eins • **rabbit** Kaninchen • **race track** Rennbahn • **racket** Schläger (Sport) • **rain** Regen • **rainbow** Regenbogen • **raspberry** Himbeere • **rat** Ratte • **reading** lesen • **reception desk** Empfangstresen • **recipe** Rezept • **record player** Plattenspieler • **records** Schallplatten • **red** rot • **referee** Schiedsrichter • **refrigerator** Kühlschrank • **relative** Verwandte(r) • **remembering** sich erinnern • **reverse psychology** umgekehrte Psychologie • **rhinoceros** Nashorn • **rice** Reis • **riding the bike** Fahrrad fahren • **rings** Ringe • **river** Fluss • **robin** Rotkelchen • **robotic duck** Roboterente • **rock** Felsen • **rolling pin** Nudelholz • **roof** Dach • **rubber** Radiergummi • **rubber duck** Gummiente • **rubber gloves** Gummihandschuhe • **ruler** Lineal • **safety** Sicherheit • **sailing boat** Segelboot • **salad** Salat • **salt** Salz • **satellite dish** Satellitenschüssel • **Saturday** Samstag • **sauce** Soße • **scaring** Angst machen • **school** Schule • **school bus** Schulbus • **scissors** Schere • **scrambled eggs** Rührei • **screen** Leinwand • **scrubbing brush** Scheuerbürste • **scuba diver** Taucher • **sea lion** Seelöwe • **seasons of the year** Jahreszeiten • **secretary** Sekretärin • **See you soon!** Bis bald! • **seven** sieben • **shadow** Schatten • **shapes** Formen • **shark** Hai • **shaving foam** Rasierschaum • **she** sie • **sheet of paper** Blatt Papier • **shelf** Regal • **shelter** Wartehäuschen • **shine** Schein